Frédéric Bastiat

Discours sur l'impôt des boissons

Discours

 Le code de la propriété intellectuelle du 1er juillet 1992 interdit en effet expressément la photocopie à usage collectif sans autorisation des ayants droit. Or, cette pratique s'est généralisée dans les établissements d'enseignement supérieur, provoquant une baisse brutale des achats de livres et de revues, au point que la possibilité même pour les auteurs de créer des œuvres nouvelles et de les faire éditer correctement est aujourd'hui menacée. En application de la loi du 11 mars 1957, il est interdit de reproduire intégralement ou partiellement le présent ouvrage, sur quelque support que ce soit, sans autorisation de l'Éditeur ou du Centre Français d'Exploitation du Droit de Copie , 20, rue Grands Augustins, 75006 Paris.

ISBN : 978-1986083041

10 9 8 7 6 5 4 3 2 1

Frédéric Bastiat

Discours sur l'impôt des boissons

Discours

Table de Matières

Discours sur l'impôt des boissons   6

Notes   25

Discours sur l'impôt des boissons[1]

CITOYENS REPRÉSENTANTS,

Je voulais aborder la question de l'impôt des boissons telle qu'elle me paraissait se poser dans toutes vos consciences, c'est-à-dire au point de vue de la nécessité financière et politique. Je croyais, en effet, que la nécessité était le seul motif invoqué à l'appui du maintien de cet impôt ; je croyais qu'à vos yeux il réunissait tous les caractères auxquels la science enseigne à reconnaître les mauvais impôts ; je croyais qu'il était admis que cet impôt est injuste, inégal, d'une perception accompagnée de formalités vexatoires. Mais, puisque ces reproches dirigés contre l'impôt, depuis son établissement, par tous les hommes d'État, sont aujourd'hui contestés, j'en dirai seulement quelques mots, — très-rapidement.

D'abord, nous prétendons que l'impôt est injuste, et nous nous fondons sur ceci : Voilà des terres qui sont à côté les unes des autres, et qui sont assujetties à un impôt foncier, à un impôt direct ; ces terres sont classées, comparées entre elles et taxées selon leur valeur ; ensuite chacun peut y faire croître ce qu'il veut ; les uns du blé, les autres, des herbages, les autres, des œillets et des roses, d'autres, du vin.

Eh bien, de tous ces produits, il y en a un, il y en a un seul qui, une fois entré dans la circulation, est grevé d'un impôt qui rend au Trésor 106 millions. Tous les autres produits agricoles sont affranchis de cette taxe.

On peut dire que l'impôt est utile, nécessaire, ce n'est pas la question que j'aborde ; mais on ne peut pas dire qu'il ne soit injuste, au point de vue du propriétaire.

Il est vrai qu'on dit que l'impôt ne retombe pas sur le producteur. C'est ce que j'examinerai tout à l'heure.

Nous disons ensuite que l'impôt est mal réparti.

En vérité, j'ai été fort surpris que cela ait été contesté, car enfin… (Interruption.)

Un membre à droite. Parlez un peu plus haut !

M. LE PRÉSIDENT. J'invite l'Assemblée au silence.

M. F. Bastiat. Je veux même abandonner cet argument pour aller plus vite.

Voix diverses. Parlez ! parlez !

M. F. Bastiat. Il me semble que la chose est tellement claire, qu'il est tellement évident que l'impôt est mal réparti, que véritablement on est embarrassé de le démontrer.

Quand on voit, par exemple, qu'un homme qui, dans une orgie, boit pour 6 francs de vin de Champagne, paie le même impôt que l'ouvrier, qui a besoin de réparer ses forces pour le travail, et boit pour 6 sous de vin commun, il est impossible de dire qu'il n'y a pas une inégalité, une monstruosité dans la répartition de l'impôt sur les boissons. (Très-bien !)

On a presque fait un calcul infinitésimal pour établir que l'impôt est peu de chose, que ce sont des fractions de centime, et qu'on ne devrait pas en tenir compte. C'est ainsi qu'on met sur le dos d'une classe de citoyens 106 millions d'un impôt inique, en leur disant : Ce n'est rien ; vous devez vous estimer fort heureux ! Les hommes qui invoquent cet argument devraient vous dire ceci : Nous exerçons telle industrie, et nous sommes tellement convaincus que l'impôt, en se divisant, est insensible pour le consommateur sur lequel il retombe, que nous nous assujettissons nous-mêmes à l'impôt indirect et à l'exercice, relativement à l'industrie que nous professons. Le jour où ces hommes viendraient déclarer cela à cette tribune, je dirais : Ils sont sincères dans leur défense de l'impôt sur les boissons.

Mais enfin voici des chiffres. Dans le département de l'Ain, le prix moyen des vins en gros est de 11 fr. ; le prix moyen de la vente, au détail, est de 41 fr. Voilà un écart considérable ; il est évident que celui qui peut acheter du vin en gros paye 11 fr., et que celui qui est obligé d'aller l'acheter au détail paye 41 fr. Entre 11 et 41 fr :, la différence est de 30 fr. (Interruption.)

Un membre à droite. Ce n'est pas l'impôt qui fait cette différence ; il en est de même pour toutes les marchandises.

M. le Président. M. de Charancey a fait ses calculs, laissez l'orateur faire les siens.

M. F. Bastiat. Je pourrais citer d'autres départements ; j'ai pris le premier sur la liste. Sans doute, il y a le bénéfice du débitant ; mais l'impôt entre pour une proportion considérable dans un tel écart.

On a cherché à prouver des choses si extraordinaires, depuis deux jours, que vraiment je ne serais pas étonné que l'on cherchât à prouver celle-ci, que l'impôt ne nuit à personne, ni au producteur, ni au consommateur. Mais alors imposons tout, non-seulement les vins, mais *tous* les produits !

Je dis ensuite que l'impôt est d'une perception très-dispendieuse. Je n'invoquerai pas de chiffres pour le prouver ; par les chiffres on prouve beaucoup de choses. Quand on avance des chiffres à cette tribune, on croit leur donner une autorité très-grande en disant : ce sont des chiffres officiels. Mais les chiffres officiels trompent comme les autres ; cela dépend de l'emploi qu'on en fait.

Le fait est que, lorsque nous voyons le territoire de la France tout entière couvert d'agents, et d'agents bien rétribués, pour la perception de cet impôt, il est bien permis de croire que cette perception coûte fort cher.

Enfin, nous disons que cet impôt est accompagné, dans sa perception, de formalités vexatoires. C'est un point que les orateurs qui m'ont précédé à cette tribune, n'ont pas abordé. Cela ne m'étonne pas, car ils appartiennent tous ou presque tous à des départements qui ne cultivent pas la vigne. S'ils habitaient nos départements, ils sauraient que les griefs des propriétaires de vignes contre l'impôt des boissons sont moins dirigés contre l'impôt lui-même, contre son chiffre, que contre ces formalités gênantes, vexatoires et dangereuses, contre les piéges à chaque instant tendus sous leurs pas. (Approbation à gauche.)

Tout le monde comprend que, lorsque l'on conçut cette pensée si extraordinaire, cette immense utopie, car c'en était une grande alors, d'établir un droit sur la circulation des vins, sans qu'un inventaire préalable eut été fait ; tout le monde, dis-je, comprend qu'il a fallu, pour assurer la perception de ce droit, imaginer le code le plus préventif, le plus vexatoire même, car autrement, comment aurait-on fait ? Il faut que, chaque fois qu'une pièce de vin circule sur la surface du territoire, il y ait là un employé pour savoir si elle est en règle ou non. Cela ne peut se faire sans une armée d'employés et une foule de vexations, contre lesquelles, je le répète, les contribuables protestent plus encore que contre la taxe elle-même.

L'impôt des boissons a une autre conséquence très-grave que je n'ai pas entendu signaler à cette tribune.

L'impôt des boissons a jeté la perturbation dans ce grand phénomène économique que l'on appelle la division du travail. Autrefois on cultivait les vins dans les terres qui sont propres à cette culture, sur les coteaux, sur les graviers ; on cultivait le blé sur les plateaux, dans les plaines, sur les terrains d'alluvion. Au commencement, on avait imaginé l'inventaire ; mais ce mode de perception d'impôt souleva tous les propriétaires. Ils invoquèrent le droit de propriété ; et, comme ils étaient trois millions, ils furent écoutés. Alors on rejeta le fardeau sur les cabaretiers ; et, comme ils n'étaient que trois cent mille, il fut déclaré, en principe, que la propriété de 300,000 hommes n'était pas aussi bien une propriété que celle de trois millions d'hommes, quoique cependant la propriété n'ait, selon moi, qu'un seul principe.

Mais quel fut le résultat pour les propriétaires ? je crois que les propriétaires portent eux-mêmes le poids de la faute et de l'injustice qu'ils commirent alors. Comme ils avaient la faveur de consommer leurs produits sans payer de taxe, il arriva que, soit pour se soustraire à la taxe, soit pour se soustraire surtout et avant tout aux formalités et aux risques que cette perception fait courir, les propriétaires des plaines, des alluvions, voulurent tous avoir du vin chez eux pour leur consommation. Dans le département que je représente ici, ou du moins dans une grande partie de ce département, je puis affirmer qu'il n'y a pas une métairie où l'on ne plante assez de vignes pour la consommation de la famille : ces vignes produisent du vin très-mauvais, mais cela offre l'immense avantage d'être délivré de l'intervention des contributions indirectes et de tous les risques qui s'attachent à ses visites.

Ce fait explique, jusqu'à un certain point, l'accroissement que l'on a signalé dans la plantation des vignes. On retourne beaucoup cet accroissement contre les plaintes des propriétaires, qui se prétendent victimes d'une injustice ; on a l'air de leur dire : Cette injustice ne compte pas, elle n'est rien, puisqu'on plante des vignes en France.

D'abord, je voudrais bien qu'on me citât une industrie qui, depuis

1788 jusqu'à 1850, dans l'espace de soixante-deux ans, ne se soit pas développée dans cette proportion. Je voudrais savoir, par exemple, si l'industrie de la houille, si l'industrie du fer, si l'industrie du drap ne se sont pas développées dans cette proportion. Je voudrais savoir s'il y a aucune industrie dont on puisse dire qu'elle ne s'est pas accrue d'un quart dans l'espace de soixante ans. Serait-il donc bien étonnant qu'en suivant sa marche naturelle, l'industrie la plus enracinée de notre sol, l'industrie qui pourrait fournir de ses produits l'univers entier, se fût augmentée dans cette proportion ? Mais cet accroissement, messieurs, est provoqué par la loi elle-même. C'est la loi qui fait que l'on arrache la vigne sur les coteaux et qu'on en plante dans les plaines, pour se soustraire aux vexations des contributions indirectes. C'est là une perturbation énorme, manifeste.

Je vous prie de me permettre d'appeler toute votre attention sur un fait presque local, puisqu'il ne concerne qu'un seul arrondissement, mais qui a une grande importance, au moins à mes yeux, parce qu'il se rattache à une loi générale.

Ce fait, messieurs, servira aussi à répondre à cet argument qu'on a porté à cette tribune, quand, invoquant l'autorité d'Adam Smith, on a dit que l'impôt retombe toujours sur le consommateur ; d'où il résulte que, depuis quarante ans, tous les propriétaires de vignobles de France ont tort de se plaindre et ne savent ce qu'ils disent. Oui, je suis de ceux qui croient que l'impôt retombe sur le consommateur ; j'ajoute cependant cette parenthèse : c'est à la longue, avec beaucoup de temps, quand toutes les propriétés ont changé de mains, à la suite d'arrangements économiques qui sont longs à se faire, que ce grand résultat est atteint ; et, pendant tout le temps que dure cette révolution, les souffrances peuvent être très-grandes, énormes. Je vais en citer un exemple.

Dans mon arrondissement qui est vinicole, il y avait autrefois une très-grande prospérité ; l'aisance était générale ; on cultivait la vigne ; le vin était consommé soit sur les lieux, soit dans les plaines environnantes, où l'on ne cultivait pas la vigne, soit à l'étranger, dans le nord de l'Europe.

Tout à coup, la guerre des douanes, d'un côté, la guerre des octrois, de l'autre, et les droits réunis sont venus et ont déprécié la valeur de ce vin.

Le pays dont je parle était cultivé tout entier, surtout en ce qui concerne la vigne, par des métayers. Le métayer avait la moitié, le propriétaire, l'autre moitié du produit. La superficie des métairies était cultivée de telle sorte qu'un métayer et sa famille pouvaient vivre du produit de la moitié du vin qui leur revenait ; mais la valeur du vin se trouvant dépréciée, il est arrivé que le métayer n'a plus pu vivre avec sa portion. Alors il s'est adressé à son propriétaire et il lui a dit : Je ne puis plus cultiver votre vigne si vous ne me nourrissez pas. Le propriétaire lui a donné du maïs pour vivre, et puis, au bout de l'année, il a pris toute la récolte pour se rembourser de ses avances. La récolte n'ayant pas suffi au recouvrement de ses avances, le contrat s'est modifié non pas devant le notaire, mais de fait ; le propriétaire a eu des ouvriers auxquels il n'a donné, pour tout prix de leur travail, que leur nourriture en maïs.

Mais il a fallu sortir de cet état de choses, et voici comment la révolution s'est opérée. On a agrandi les métairies, c'est-à-dire que de trois on en a fait deux, ou de deux une ; puis, en arrachant quelques champs de vigne, et en mettant du maïs à la place, on a dit : Avec ce maïs le métayer pourra vivre, et le propriétaire ne sera plus obligé de lui donner de quoi suffire à sa subsistance.

Sur tout le territoire, on a donc vu abattre des maisons et détruire des métairies. La conséquence, c'est qu'on a détruit autant de familles que de métairies ; la dépopulation a été énorme, et, depuis vingt-cinq ans le nombre des décès a dépassé celui des naissances.

Sans doute, quand la révolution se sera complètement faite, quand les propriétaires auront acheté pour 10,000 fr., ce qu'ils payaient autrefois 30,000 fr., quand le nombre des métayers sera réduit au niveau des moyens de subsistance que le pays peut fournir, alors je crois que la population ne pourra plus s'en prendre à l'impôt des boissons ; la révolution se sera faite, l'impôt retombera sur le consommateur ; mais cette révolution se sera faite au prix de souffrances qui auront duré un siècle ou deux.

Je demande si c'est pour cela que nous faisons des lois. Je demande si nous prélevons des impôts pour tourmenter les populations, pour les forcer de transporter le travail du coteau à la plaine et de la plaine au coteau. Je demande si c'est là le but de la législation.

Quant à moi, je ne le crois pas.

Mais, messieurs, nous avons beau attaquer l'impôt, dire qu'il est inégal, vexatoire, dispendieux, injuste, il y a une raison devant laquelle tout le monde courbe la tête : c'est la nécessité. C'est la nécessité qu'on invoque ; c'est la nécessité qui vous engage à porter à cette tribune des paroles pour justifier l'impôt ; c'est la nécessité, rien que la nécessité qui vous détermine. On craint les embarras financiers, on craint les résultats d'une réforme (car je puis bien l'appeler une réforme) qui aurait pour conséquence immédiate de soustraire 100 millions au Trésor public : c'est donc de la nécessité que je veux parler.

Messieurs, la nécessité, j'en conviens, elle existe, elle est très-pressante. Oui, le bilan, non pas de la France, mais du gouvernement français, peut se faire en bien peu de mots. Depuis vingt ou vingt-cinq ans, les contribuables fournissent au Trésor une somme qui, je crois, a doublé dans cet espace de temps. Les gouvernements qui se sont succédé ont trouvé le moyen de dévorer la somme première, l'excédant fourni par les contribuables ; d'ajouter une dette publique de 1 milliard ou de 2 milliards ; d'arriver, à l'entrée de l'année, avec un déficit de 5 à 600 millions ; enfin de commencer l'année prochaine avec un découvert assuré de 300 millions.

Voilà où nous en sommes. Je crois que cela vaut bien la peine de se demander quelle est la cause de cet état de choses, et s'il est bien prudent, en face de cette situation, de venir nous dire que, ce qu'il y a de mieux à faire, c'est de rétablir tout juste les choses comme elles étaient avant ; c'est de ne rien changer ou presque rien, ou d'une manière imperceptible, à notre système financier, soit du côté des recettes, soit du côté des dépenses. Il me semble voir un ingénieur, qui a lancé une locomotive et qui est arrivé à une catastrophe, découvrir ensuite où est le vice, où est le défaut, et, sans s'en préoccuper davantage, la remettre sur les mêmes rails, et courir une seconde fois le même danger. (Approbation à gauche.)

Oui, la nécessité existe ; mais elle est double. Il y a deux nécessités.

Vous ne parlez que d'une nécessité, monsieur le ministre des finances ; mais je vous en signalerai une autre, et elle est très-grave ; je la crois même plus grave que celle dont vous parlez. Cette nécessité est renfermée dans un seul mot : la révolution de Février.

Il est intervenu, par suite des abus (car je puis appeler abus tout ce qui a conduit nos finances à l'état où elles sont maintenant), il est intervenu un fait ; ce fait, on l'a caractérisé quelquefois en disant que c'était une surprise. Je ne crois pas que ce fût une surprise. Il est possible que le fait extérieur soit le résultat d'un accident qui aurait été arrêté…

M. Barthélemy Saint-Hiliaire. Retardé !

Plusieurs autres membres à gauche. Oui ! oui ! retardé.

M. Bastiat. Mais les causes générales ne sont pas du tout fortuites. C'est absolument comme si vous me disiez, — alors qu'une brise, en passant, a fait tomber un fruit de son arbre, — que, si on avait pu empêcher la brise de passer, le fruit ne serait pas tombé. Oui, mais à une condition, c'est que le fruit n'eût pas été pourri et rongé. (Approbation à gauche.) Ce fait est arrivé, ce fait a donné une puissance politique à la masse entière de la population ; c'est un fait grave.

M. Fould, *ministre des finances.* Pourquoi le gouvernement provisoire n'a-t-il pas supprimé l'impôt des boissons ?

M. Bastiat. Il ne m'a pas consulté, il ne m'a pas soumis de projet de loi, je n'ai pas été appelé à lui donner des conseils ; mais nous avons ici un projet, et en repoussant votre projet, il m'est bien permis de vous dire sur quels motifs je me fonde. Je me fonde sur celui-ci : il pèse sur votre tête, non pas une nécessité, mais deux ; la seconde nécessité, aussi impérieuse que la première, c'est de faire justice à tous les citoyens. (Assentiment à gauche.)

Eh bien ! je dis qu'après la révolution qui s'est faite, vous devez vous préoccuper de l'état politique où est la France, et que cet état politique est déplorable, permettez-moi le mot ; je n'attribue pas cela aux hommes qui gouvernent aujourd'hui, cela remonte haut.

Est-ce qu'en France vous ne voyez pas une bureaucratie devenue aristocratie dévorer le pays ? L'industrie périt, le peuple souffre. Je sais bien qu'il cherche le remède dans des utopies folles ; mais ce n'est pas une raison pour leur ouvrir la porte en laissant subsister des injustices criantes, comme celles que je signale à cette tribune.

Je crois qu'on ne se préoccupe pas assez de l'état de souffrance dans lequel se trouve ce pays et des causes qui ont amené cet état de souffrance. Ces causes sont dans ces 1,500 millions prélevés sur un pays qui ne peut les payer.

Je vous supplie de faire une réflexion bien triviale, mais enfin je la fais souvent. Je me demande ce que sont devenus mes amis d'enfance et mes camarades de collège. Et savez-vous quelle est la réponse ? Sur vingt, il y en a quinze qui sont fonctionnaires ; et je suis persuadé que si vous faites le calcul, vous arriverez au même résultat. (Rires approbatifs à gauche.)

M. Bérard. C'est là la cause des révolutions.

M. Bastiat. Je me fais encore une autre question, c'est celle-ci :

En les prenant un à un, en bonne conscience, rendent-ils au pays des services réels équivalant à ce que le pays leur paye ? Et presque toujours je suis forcé de répondre : Il n'en est pas ainsi.

N'est-il pas déplorable que cette masse énorme de travail, d'intelligence, soit soustraite à la production réelle du pays pour alimenter des fonctionnaires inutiles et presque toujours nuisibles ? Car, en fait de fonctionnaires publics, il n'y a pas de neutralité : s'ils ne sont pas très-utiles, ils sont nuisibles ; s'ils ne maintiennent pas la liberté des citoyens, ils l'oppriment. (Approbation à gauche.)

Je dis que cela crée au gouvernement une nécessité, une nécessité immense. Quel est le plan qu'on nous propose ? Je le dis franchement, si le ministre était venu dire : Il faut maintenir l'impôt pendant quelque temps ; mais voici une réforme financière que je propose ; la voici dans son ensemble ; seulement il faut une certaine période pour qu'elle puisse aboutir, il faut quatre ou cinq ans, nous ne pouvons pas tout faire à la fois ; j'aurais compris cette nécessité, et j'aurais pu y céder.

Mais il n'y a rien de cela ; on nous dit : Rétablissons l'impôt des boissons. Je ne sais même pas si l'on ne nous fait pas pressentir qu'on rétablira l'impôt du sel et celui de la poste.

Quant à vos diminutions de dépenses, elles sont dérisoires : c'est 3 ou 4,000 soldats de plus ou de moins ; mais c'est le même système financier, qui me semble ne pouvoir plus tenir dans ce pays sans le perdre. (Nouvelle approbation à gauche.)

Messieurs, il est impossible de traiter ce sujet sans le traiter à ce point de vue. La France sera-t-elle perdue, dans un très-court espace du temps ? car j'oserai demander à M. le ministre des finances combien de temps il croit pouvoir prolonger ce système. Ce n'est pas tout que d'aboutir à la fin de l'année, en équilibrant tant bien que mal les recettes et les dépenses ; il faut savoir si cela peut continuer.

Mais, à ce point de vue, je suis obligé de traiter la question de l'impôt en général. (Marques d'impatience à droite.)

Voix nombreuses. Parlez ! parlez !

M. LE PRÉSIDENT Vous êtes dans la question.

M. BASTIAT. Je crois, messieurs, que j'ai le droit de venir ici, sous ma responsabilité, exprimer même des idées absurdes. D'autres orateurs sont venus apporter ici leurs idées, et j'ose croire que leurs idées n'étaient pas plus claires que les miennes. Vous les avez écoutés avec patience ; vous n'avez pas accueilli le plan de liquidation générale de M. Proudhon, non plus que le phalanstère de M. Considérant ; mais vous les avez écoutés ; vous avez été plus loin : par l'organe de M. Thiers, vous avez dit que quiconque croyait avoir une pensée utile était obligé de l'apporter à cette tribune. Eh bien ! lorsqu'on dit : Parlez ! lorsqu'on jette une espèce de défi, il faut au moins écouter. (Très-bien ! très-bien !)

Messieurs, dans ces derniers temps, on s'est beaucoup préoccupé de la question de l'impôt. L'impôt doit-il être direct ou indirect ?

Tout à l'heure nous avons entendu faire l'éloge de l'impôt indirect.

Eh bien ! moi, c'est contre l'impôt indirect en général que je viens m'élever.

Je crois qu'il y a une loi de l'impôt qui domine toute la question, et que je renferme dans cette formule : L'inégalité de l'impôt est en raison de sa masse. Je veux dire par là que plus un impôt est léger, plus il est facile de le répartir équitablement ; que plus, au contraire, il est lourd, plus, malgré toute la bonne volonté du législateur, il tend à se répartir inégalement, plus, comme on pourrait le dire, il tend à devenir progressif au rebours, c'est-à-dire à frapper les citoyens en raison inverse de leurs facultés. Je crois que c'est une loi grave, inévitable ; et ses conséquences sont tellement importantes, que je vous demande la permission de l'éclaircir.

Je suppose que la France fût gouvernée depuis longtemps par un système qui est le mien, qui consisterait à ce que le gouvernement maintînt chaque citoyen dans la limite de ses droits et de la justice, et qu'il abandonnât le reste à la responsabilité de chacun. Je suppose cela. Il est aisé de voir qu'alors la France pourrait être gouvernée avec 200 ou 300 millions. Il est clair que si la France était gouvernée avec 200 millions, il serait facile d'établir une taxe unique et proportionnelle. (Bruit.)

Cette hypothèse que je fais, elle aura sa réalité ; seulement, la question est de savoir si elle l'aura en vertu de la prévoyance du législateur ou en vertu d'éternelles convulsions politiques. (Approbation à gauche.)

L'idée ne m'appartient pas ; si elle m'appartenait, je m'en défierais ; mais nous voyons que tous les peuples du monde sont plus ou moins heureux selon qu'ils se rapprochent ou s'écartent de la réalisation de cette idée. Elle est réalisée d'une manière à peu près complète aux États-Unis.

Dans le Massachusetts, on ne connaît d'autre impôt que l'impôt direct, unique et proportionnel ; par conséquent, s'il en était ainsi, et il est aisé de le comprendre, car je n'élucide que le principe, rien ne serait plus facile que de demander aux citoyens une part proportionnelle à leurs valeurs réalisées ; ce serait si peu de chose que nul ne serait intéressé à cacher, dans une grande proportion au moins, sa fortune pour y échapper.

Voilà la première partie de mon axiome.

Mais si vous demandez aux citoyens, non pas 200 millions, mais 500, 600, 800 millions ; alors, à mesure que vous augmentez l'impôt, l'impôt direct vous échappe, et il est évident que vous arrivez à un moment où un citoyen prendrait plutôt le fusil que de payer à l'État, par exemple, la moitié de sa fortune.

Un membre. Comme dans l'Ardèche.

M. BASTIAT. Alors on ne vous payera pas. Que faut-il donc faire ? Il faut avoir recours aux impôts indirects ; c'est ce qui a lieu partout où l'on a voulu faire de grandes dépenses. Partout, dès que l'État veut donner aux citoyens toutes sortes de bienfaits, l'instruction, la religion, la moralité, on est obligé de donner à cet État des taxes indirectes considérables.

Eh bien ! je dis que lorsqu'on est dans cette voie l'on tombe dans l'inégalité des impôts. L'inégalité provient toujours des taxes indirectes elles-mêmes. La raison en est simple. Si la dépense était restreinte dans certaines limites, on pourrait très-certainement trouver certains impôts indirects qui blesseraient l'égalité, mais qui ne blesseraient pas le sentiment de la justice, parce que ce seraient des impôts somptuaires ; mais lorsqu'on veut prélever beaucoup d'argent, alors on émet un principe vrai, dans l'hypothèse où je me place, en disant que le meilleur impôt est celui qui frappe les objets de la consommation la plus générale. C'est un principe que tous nos financiers et tous nos hommes d'État avouent. Et, en effet, il est très-conséquent dans les gouvernements où il s'agit de prendre le plus d'argent au peuple ; mais alors vous arrivez à l'inégalité la plus choquante.

Qu'est-ce que c'est qu'un objet dont la consommation est très-générale ? C'est un objet que le pauvre consomme dans la même proportion que le riche ; c'est un objet sur lequel l'ouvrier dépense tout son salaire.

Ainsi, un agent de change gagne 500 fr. par jour, un ouvrier gagne 500 fr. par an. ; et la justice voudrait que les 500 fr. de l'agent de change fournissent autant au Trésor que les 500 fr. de l'ouvrier. Mais il n'en est pas ainsi ; car l'agent de change achètera des tentures, des bronzes, des objets de luxe avec son argent, c'est-à-dire des objets de consommation restreinte qui ne payent pas de taxe, tandis que l'ouvrier achète du vin, du sel, du tabac, c'est-à-dire des objets de consommation générale qui en sont accablés. (Bruit et interruptions diverses.)

M. Lacaze. Si l'agent de change n'achetait pas ces objets, il ne ferait pas vivre l'ouvrier.

M. Bastiat. Est-ce que la suppression de l'impôt des boissons empêcherait l'agent de change d'acheter des bronzes et des tentures ? Aucun financier ne me démentira. Dans le système des impôts indirects, il n'y a de raisonnable, de vraiment raisonnable, dans ce système que je n'approuve pas, que les impôts qui s'adressent aux objets de la consommation la plus générale. Ainsi, vous commencez à frapper l'air respirable par l'impôt des portes et fenêtres, puis le sel, puis les boissons, puis le tabac, enfin ce qui est à la portée de tout le monde.

Je dis que ce système ne peut tenir en présence du suffrage

universel. J'ajoute : bien aveugle, bien imprudent qui ne voit pas aussi la nécessité de ce côté, et ne voit que la nécessité à laquelle je faisais allusion tout à l'heure. (Vive approbation à gauche.)

Je fais un autre reproche à l'impôt indirect, c'est celui de créer précisément ces nécessités dont on vous parle, ces nécessités financières. Croyez-vous que, si l'on demandait la part contributive de chaque citoyen sous la forme directe ; si on lui envoyait un bulletin de contribution portant, non-seulement le chiffre de ce qu'il doit pour l'année, mais le détail de ses contributions ; car c'est facile à décomposer : tant pour la justice, tant pour la police, tant pour l'Algérie, tant pour l'expédition de Rome, etc. ; croyez-vous pour cela que le pays ne serait pas bien gouverné[2] ? M. Charencey nous disait tout à l'heure qu'avec l'impôt indirect le pays était sûr d'être bien gouverné. Eh bien, moi, je dis le contraire. Avec tous ces impôts détournés, dus à la ruse, le peuple souffre, murmure et s'en prend à tout : au capital, à la propriété, à la monarchie, à la république, et c'est l'impôt qui est le coupable. (C'est vrai ! c'est vrai !)

Voilà pourquoi le gouvernement, trouvant toujours des facilités, a tant augmenté les dépenses. Quand s'est-il arrêté ? quand a-t-il dit : Nous avons un excédant de recettes, nous allons dégréver ? Jamais il n'a fait cela. Quand on a de trop, on trouve à l'employer ; c'est ainsi que le nombre des fonctionnaires est monté à un chiffre énorme.

On nous accuse d'être malthusiens ; oui, je suis malthusien en ce qui concerne les fonctionnaires publics. Je sais bien qu'ils ont suivi parfaitement cette grande loi, que les populations se mettent au niveau des moyens de subsistance. Vous avez donné 800 millions, les fonctionnaires publics ont dévoré 800 millions ; vous leur donneriez 2 milliards, il y aurait des fonctionnaires pour dévorer ces deux milliards. (Approbation sur plusieurs bancs.)

Un changement dans un système financier en entraîne nécessairement un correspondant dans le système politique ; car un pays ne peut pas suivre la même politique, lorsque la population lui donne 2 milliards, que lorsqu'elle ne lui donne que 200 ou 300 millions. Et ici, vous me trouverez peut-être profondément en désaccord avec un grand nombre de membres qui siègent de ce côté (la gauche). La conséquence forcée, pour tout homme sérieux, de la théorie financière que je développe ici, est évidemment celle-ci : que, puisqu'on ne veut pas donner beaucoup à l'État, il faut savoir ne pas lui demander beaucoup. (Assentiment.)

Il est évident que si vous vous mettez dans la tête, ce qui est une profonde illusion, que la société a deux facteurs : d'un côté, les hommes qui la composent, et, de l'autre, un être fictif qu'on appelle l'État, le gouvernement, auquel vous supposez une moralité à toute épreuve, une religion, un crédit, la facilité de répandre des bienfaits, de faire de l'assistance ; il est bien évident qu'alors vous vous placez dans la position ridicule d'hommes qui disent : Donnez-nous sans nous rien prendre, — ou qui disent : Restez dans le système funeste où nous sommes à présent engagés.

Il faut savoir renoncer à ces idées ; il faut savoir être hommes, et se dire : Nous avons la responsabilité de notre existence, et nous la supporterons. (Très-bien ! très-bien !)

Encore aujourd'hui, je reçois une pétition d'habitants de mon pays, où des vignerons disent : Nous ne demandons rien de tout cela au gouvernement ; qu'il nous laisse libres, qu'il nous laisse agir, travailler ; voilà tout ce que nous lui demandons ; qu'il protège notre liberté et notre sécurité.

Eh bien, je crois que c'est là une leçon, émanée de pauvres vignerons, qui devrait être écoutée dans les plus grandes villes. (Très-bien !)

Le système de politique intérieure dans lequel ce système financier nous forcerait d'entrer, c'est évidemment le système de la liberté, car, remarquez-le, la liberté est incompatible avec les grands impôts, quoi qu'on en dise.

J'ai lu un mot d'un homme d'État très-célèbre, M. Guizot, le voici : « La liberté est un bien trop précieux pour qu'un peuple la marchande. »

Eh bien, quand j'ai lu cette sentence il y a longtemps, je me suis dit : « Si jamais cet homme gouverne le pays, il perdra non-seulement les finances, mais la liberté de la France. »

Et, en effet, je vous prie de remarquer, comme je le disais tout à l'heure, que les fonctions publiques ne sont jamais neutres ; si elles ne sont pas indispensables, elles sont nuisibles.

Je dis qu'il y a incompatibilité radicale entre un impôt exagéré et la liberté.

Le maximum de l'impôt, c'est la servitude ; car l'esclave est l'homme à qui l'on prend tout, même la liberté de ses bras et de ses facultés. (Très-bien !)

Eh bien, est-ce que si l'État ne payait pas à nos dépens un culte, par exemple, nous n'aurions pas la liberté des cultes ? Est-ce que si l'État ne payait pas à nos dépens l'université, nous n'aurions pas la liberté de l'instruction publique ? Est-ce que si l'État ne payait pas à nos dépens une bureaucratie très-nombreuse, nous n'aurions pas la liberté communale et départementale ? Est-ce que si l'État ne payait pas à nos dépens des douaniers, nous n'aurions pas la liberté du commerce ? (Très-bien ! très-bien ! — Mouvement prolongé.)

Car qu'est-ce qui manque le plus aux hommes de ce pays-ci ? Un peu de confiance en eux-mêmes, le sentiment de leur responsabilité. Il n'est pas bien étonnant qu'ils l'aient perdu, on les a habitués à le perdre à force de les gouverner. Ce pays est trop gouverné, voilà le mal.

Le remède est qu'il apprenne à se gouverner lui-même, qu'il apprenne à faire la distinction entre les attributions essentielles de l'État et celles qu'il a usurpées, à nos frais, sur l'activité privée.

Tout le problème est là.

Quant à moi, je dis : Le nombre des choses qui rentrent dans les attributions essentielles du gouvernement est très-limité : faire régner l'ordre, la sécurité, maintenir chacun dans la justice, c'est-à-dire réprimer les délits et les crimes, et exécuter quelques grands travaux d'utilité publique, d'utilité nationale, voilà, je crois, quelles sont ses attributions essentielles ; et nous n'aurons de repos, nous n'aurons de finances, nous n'aurons abattu l'hydre des révolutions que lorsque nous serons rentrés, par des voies progressives, si vous voulez, dans ce système vers lequel nous devons nous diriger. (Très-bien !)

La seconde condition de ce système, c'est qu'il faut vouloir sincèrement la paix ; car il est évident que non-seulement la guerre, mais même l'esprit de guerre, les tendances belliqueuses sont incompatibles avec un pareil système. Je sais bien que le mot *paix* fait quelquefois circuler le sourire de l'ironie sur ces bancs ; mais, véritablement, je ne crois pas que des hommes sérieux puissent accueillir ce mot avec ironie. Comment ! l'expérience ne nous apprendra-t-elle jamais rien ?

Depuis 1815, par exemple, nous entretenons des armées nombreuses, des armées énormes ; et je puis dire que ce sont précisément ces grandes forces militaires qui nous ont entraînés malgré nous dans des affaires, dans des guerres dont nous ne nous serions pas mêlés assurément, si nous n'avions pas eu ces grandes forces derrière nous. Nous n'aurions pas eu la guerre d'Espagne, en 1823 ; nous n'aurions pas eu, l'année dernière, l'expédition de Rome ; nous aurions laissé le pape et les Romains s'arranger entre eux, si notre appareil militaire eût été restreint à des proportions plus modestes. (Mouvements divers.)

Une voix à droite. Et en juin, vous n'avez pas été fâché d'avoir l'armée !

M. Bastiat. Vous me répondez par le mois de juin. Moi, je vous dis que si vous n'aviez pas eu ces grosses armées, vous n'auriez pas eu le mois de juin. (Hilarité prolongée à droite. — Longue agitation.)

Une voix à droite. C'est comme si vous disiez qu'il n'y aurait pas de voleurs s'il n'y avait pas de gendarmes.

M. Bérard. Mais ce sont les fonctionnaires publics des ateliers nationaux qui ont fait le mois de juin.

M. Bastiat. Je raisonne dans l'hypothèse où la France aurait été bien gouvernée, presque idéalement gouvernée, et alors il m'est bien permis de croire que nous n'aurions pas eu les funestes journées de juin, comme nous n'aurions pas eu le 24 février 1848, 1830, ni peut-être 1814.

Quoi qu'il en soit, la liberté et la paix, voilà les deux colonnes du système que je développe ici. Et remarquez bien que je ne le présente pas seulement comme bon en lui-même, mais comme commandé par la nécessité la plus impérieuse.

Maintenant il y a des personnes qui se préoccupent, et avec raison, de la sécurité. Je m'en préoccupe aussi et autant que qui que ce soit ; c'est un bien aussi précieux que les deux autres ; mais nous sommes dans un pays habitué à être tellement gouverné qu'on ne peut s'imaginer qu'il puisse y avoir un peu d'ordre et de sécurité avec moins de réglementation. Je crois que c'est précisément dans cette surabondance de gouvernement que se trouve la cause de presque tous les troubles, les agitations, les révolutions dont nous sommes les tristes témoins et quelquefois les victimes.

Voyons ce que cela implique.

La société se divise alors en deux parties : les exploitants et les exploités. (Allons donc ! — Longue interruption.)

Une voix à droite. Ce n'est pas une telle distinction qui peut ramener la paix.

M. Bastiat. Messieurs, il ne faut pas qu'il y ait d'équivoque ; je ne fais aucune espèce d'allusion, ni à la la propriété, ni au capital ; je parle seulement de 1,800 millions qui sont payés d'un côté et qui sont reçus de l'autre. J'ai peut-être eu tort de dire *exploités*, car, dans ces 1,800 millions, il y en a une partie considérable qui va à des hommes qui rendent des services très-réels. Je retire donc l'expression. (Rumeurs au pied de la tribune.).

M. le Président. Messieurs, gardez donc le silence ; vous n'êtes là qu'à la condition de garder le silence plus que tous les autres.

M. Bastiat. Je veux faire observer que cet état de choses, cette manière d'être, ces immenses dépenses du gouvernement doivent toujours être justifiées pour expliquées de quelque façon ; par conséquent, cette prétention du gouvernement de tout faire, de tout diriger, de tout gouverner, a dû faire naître naturellement une pensée dangereuse dans le pays : cette population qui est au-dessous attend tout du gouvernement, elle attend l'impossible de ce gouvernement. (Très-bien ! très-bien !)

Nous parlons des vignerons : j'ai vu des vignerons les jours de grêle, les jours où ils sont ruinés ; ils pleurent, mais ils ne se plaignent pas du gouvernement ; ils savent qu'entre la grêle et lui n'existe aucune connexité. Mais lorsque vous induisez la population à croire que tous les maux qui n'ont pas un caractère aussi abrupt que la grêle, que tous les autres maux viennent du gouvernement, que le gouvernement le laisse croire lui-même, puisqu'il ne reçoit cette énorme contribution qu'à la condition de faire quelque bien au peuple ; il est évident que, lorsque les choses en sont là, vous avez des révolutions perpétuelles dans le pays, parce qu'à raison du système financier dont je parlais tout à l'heure, le bien que peut faire le gouvernement n'est rien en comparaison du mal qu'il fait lui-même par les contributions qu'il soutire.

Alors le peuple, au lieu d'être mieux, est plus mal, il souffre, il s'en prend au gouvernement ; et il ne manque pas d'hommes dans l'opposition qui viennent et qui lui disent : Voyez-vous ce gouvernement qui vous a promis ceci, promis cela…, qui devait diminuer tous les impôts, vous combler de bienfaits ; voyez-vous ce gouvernement comme il tient ses promesses ! Mettez-nous à sa place, et vous verrez comme nous ferons autre chose ! (Hilarité générale. — Marques d'approbation) Alors on renverse le gouvernement. Et cependant les hommes qui arrivent au pouvoir se trouvent précisément dans la même situation que ceux qui les ont précédés ; ils sont obligés de retirer peu à peu toutes leurs promesses ; ils disent à ceux qui les pressent de les réaliser : Le temps n'est pas venu, mais comptez sur l'amélioration de la situation, comptez sur les exportations, comptez sur une prospérité future. Mais, comme, en réalité, ils ne font pas plus que leurs prédécesseurs, on a plus de griefs contre eux, on finit par les renverser, et l'on marche de révolution en révolution. Je ne crois pas qu'une révolution soit possible là où le gouvernement n'a d'autres relations avec les citoyens que de garantir à chacun sa sécurité, sa liberté. (Très-bien ! très-bien !) Pourquoi se révolte-t-on contre un gouvernement ? C'est parce qu'il manque à sa promesse. Avez-vous jamais vu le peuple se révolter contre la magistrature, par exemple ? Elle a mission de rendre la justice et la rend ; nul ne songe à lui demander plus. (Très-bien !)

Persuadez-vous bien d'une chose, c'est que l'amour de l'ordre, l'amour de la sécurité, l'amour de la tranquillité n'est un monopole pour personne. Il existe, il est inhérent à la nature humaine. Interrogez tous ces hommes mécontents, parmi lesquels il y a bien quelques perturbateurs sans doute… Eh ! mon Dieu, il y a toujours des exceptions. Mais interrogez les hommes de toutes les classes, ils vous diront tous combien, dans ce temps-ci, ils sont effrayés de voir l'ordre compromis ; ils aiment l'ordre, ils l'aiment au point de lui faire de grands sacrifices, des sacrifices d'opinion et des sacrifices de liberté ; nous le voyons tous les jours. Eh bien ! ce sentiment serait assez fort pour maintenir la sécurité, surtout si les opinions contraires n'étaient pas sans cesse alimentées par la mauvaise constitution du gouvernement.

Je n'ajouterai qu'un mot relativement à la sécurité.

Je ne suis pas un profond jurisconsulte, mais je crois véritablement que si le gouvernement était renfermé dans les limites dont je parle, et que toute la force de son intelligence, de sa capacité fût dirigée sur ce point-là : améliorer les conditions de sécurité des hommes, je crois qu'on pourrait faire dans cette carrière des progrès immenses. Je ne crois pas que l'art de réprimer les délits et les vices, de moraliser et de réformer les prisonniers, ait fait encore tous les progrès qu'il peut faire. Je dis et je répète que si le gouvernement excitait moins de jalousies, d'un côté, moins de préjugés, d'un autre côté, et que toutes ses forces pussent être dirigées vers l'amélioration civile et pénale, la société aurait tout à y gagner.

Je m'arrête. J'ai une conviction si profonde que les idées que j'apporte à cette tribune remplissent toutes les conditions d'un programme gouvernemental, qu'elles concilient tellement la liberté, la justice, les nécessités financières et le besoin de l'ordre et tous les grands principes qui soutiennent les peuples et l'humanité ; j'ai cette conviction si bien arrêtée, que j'ai peine à croire qu'on puisse taxer ce projet d'utopie. Et, au contraire, il me semble véritablement que si Napoléon, par exemple, revenait dans ce monde (Exclamations à droite) et qu'on lui dit : Voilà deux systèmes ; dans l'un, il s'agit de restreindre, de limiter les attributions gouvernementales et par conséquent les impôts ; dans l'autre, il s'agit d'étendre indéfiniment les attributions gouvernementales et par conséquent les impôts, et par suite il faut faire accepter à la France les droits réunis, — j'ai la conviction et j'affirme que Napoléon dirait que la véritable utopie est de ce dernier côté, car il a été bien plus difficile d'établir les droits réunis, qu'il ne le serait d'entrer dans le système que je viens de proclamer à cette tribune.

Maintenant on me demandera pourquoi je refuse aujourd'hui et sur-le-champ l'impôt des boissons ; je le dirai. Je viens d'exposer le système, la théorie dans laquelle je voudrais que le gouvernement entrât. Mais comme je n'ai jamais vu un gouvernement qui voulût exécuter sur lui ce qu'il regarde comme une sorte de demi-suicide, retrancher toutes les attributions qui ne lui sont pas essentielles, je me vois obligé de le forcer, et je ne le puis qu'en lui refusant les moyens de persévérer dans une voie funeste. C'est pour cela que j'ai voté pour la réduction de l'impôt du sel ; c'est pour cela que j'ai voté pour la réforme postale ; c'est pour cela que je voterai contre l'impôt des boissons. (Assentiment à gauche.)

C'est ma conviction intime que la France, si elle a foi, si elle a confiance en elle-même, si elle a la certitude qu'on ne viendra pas l'attaquer, du moment qu'elle est décidée à ne pas attaquer les autres, c'est ma conviction intime qu'il est facile de diminuer les dépenses publiques dans une proportion énorme, et que, même avec la suppression de l'impôt sur les boissons, il restera suffisamment, non-seulement pour aligner les recettes avec les dépenses, mais encore pour diminuer la dette publique. (Marques nombreuses d'approbation.)

Notes

1. Cette improvisation fut prononcée à l'Assemblée législative le 12 décembre 1849. (*Note de l'éditeur.*)

2. On peut dire que c'est instinctivement que les contribuables se récrient sur la pesanteur des impôts, car il en est peu qui sachent au juste ce qu'il leur en coûte pour être gouvernés. Nous connaissons bien notre quote-part dans la contribution foncière, mais non ce que nous enlèvent les impôts de consommation. — J'ai toujours pensé que rien ne serait plus favorable à l'avancement de nos connaissances et de nos mœurs constitutionnelles qu'un système de *comptabilité individuelle,* au moyen duquel chacun serait fixé sur sa cotisation, sous le double rapport du *quantum* et du *quarè*. En attendant que M. le ministre des finances fasse distribuer tous les ans à chacun de nous, avec le bulletin des contributions directes, notre *compte courant au Trésor,* j'ai essayé d'en dresser la formule, le budget de 1842 à la main.
Voici le compte de M. N..., propriétaire payant 500 fr. de contributions directes, ce qui suppose un revenu de 2,400 à 2,600 fr, au plus.
Doit. Le Trésor public, son compte courant avec M. N.

Sommes reçues de M. N. en 1843 :

Par contribution directe	500	fr.	"	c.
Enregistrement, timbre, domaine	504		17	
Douanes et sels	158		"	
Forêts et Pêches	30		10	
Contributions indirectes	206		67	
Postes	39		"	
Produits universitaires	2		50	
Produits divers	21		87	
	1,162	fr.	31	c.

AVOIR. Sommes acquittées dans l'intérêt de M. N. :

Pour intérêts de la dette publique	353	fr.	"	c.
Liste civile	4		"	
Distribution de la Justice	20		"	
Religion	36		"	
Diplomatie	8		"	
Instruction publique	16		"	
Dépenses secrètes	1		"	
Télégraphes	1		"	
Encouragements aux musiciens et danseuses	3		"	
Indigents, malades, infirmes	1		10	
Secours aux réfugiés	2		15	
Encouragements à l'agriculture	"		80	
— aux pêches maritimes	4		"	
— aux manufactures	"		23	
Haras	2		"	

Bergeries	"	63
Secours aux colons	"	87
— aux inondés et incendiés	1	90
Services départementaux	72	"
Préfets et sous-préfets	7	20
Routes, canaux, ponts et ports	52	60
Armée	364	"
Marine	114	"
Colonies	26	"
Recouvrement de l'impôt et administration	150	"
	1,251 fr.	48 c.

Entre le *doit* 1,162 fr. 31 c. et l'*avoir* 1,251 fr. 48 c., la différence est 89,17. — Ce solde signifie que le Trésor a dépensé pour compte de M. N., 89 fr. 17 c. de plus qu'il n'a reçu de lui. Mais que M. N. se rassure. MM. Rothschild et consorts ont bien voulu faire l'avance de cette somme, et il suffira à M. N. d'en servir l'intérêt à perpétuité ; c'est-à-dire de payer dorénavant 4 à 5 fr. de plus par an.(*Ébauche inédite datée de 1843.*)

ISBN : 978-1986083041

www.ingramcontent.com/pod-product-compliance
Lightning Source LLC
Chambersburg PA
CBHW071000220526
45471CB00007B/3113